U0123481

大展好書　好書大展
品嘗好書　冠群可期

大展好書　好書大展

品嘗好書　冠群可期

彩色圖解
太極武術
13

吳式太極拳

＜45式＞＋VCD

宗維潔

編著

大展 出版社有限公司

國家圖書館出版品預行編目資料

吳式太極拳<45式>+VCD / 宗維潔 編著
—初版—臺北市：大展 ， 2004【民93】
面 ； 21 公分 — (彩色圖解太極武術；13)
ISBN 957- 468-330-3 (平裝；附影音光碟)
1. 太極拳

528.972 93013948

吳式太極拳<45式>+VCD　　ISBN 957-468-330-3

編 著 者 / 宗維潔
V C D / 宗維潔
責任編輯 / 佟　暉
發 行 人 / 蔡森明
出 版 者 / 大展出版社有限公司
社　　　址 / 台北市北投區（石牌）致遠一路 2 段 12 巷 1 號
電　　　話 / （02）28236031・28236033・28233123
傳　　　真 / （02）28272069
郵政劃撥 / 01669551
網　　　址 / www.dah-jaan.com.tw
E－mail / service@dah-jaan.com.tw
登 記 證 / 局版臺業字第 2171 號
承 印 者 / 弼聖彩色印刷有限公司
裝　　　訂 / 協億印製廠股份有限公司
排 版 者 / 順基國際有限公司
初版 1 刷 / 2004 年（民 93 年）11 月

定價 / 350 元

●本書若有破損、缺頁敬請寄回本社更換●

吳 式 太 極 拳

　　吳式太極拳競賽套路，是由國家體委武術研究院組織張
文廣、張山、門惠豐、李秉慈、闞桂香、計月娥等專家、教
授在傳統吳式太極拳套路的基礎上創編而成的。它集競賽
性、健身性、表演性於一體，並繼承了傳統吳式太極拳以柔
化著稱，動作輕鬆自然，連綿不斷，拳勢小巧靈活；拳架由
開展而緊湊，緊湊中不顯拘謹的風格特點。

一、練習要求

（一）鬆靜自然

　　吳式太極拳練習時，要求靜中求動，動中求靜，動靜相
兼，鬆靜自然。「鬆」指精神和形體兩方面的放鬆，「靜」
指思想與情緒上的安靜。鬆靜應以自然為法，以舒適為度，
這樣才能消除心理上的緊張，使中樞神經系統的調節功能處
於最佳狀態。

（二）意氣相隨

　　「意」指意識，「氣」指元氣，內氣。吳式太極拳是意
、氣、形的整體運動，既練意又練氣，既練神又練形。以意
行氣，意氣相隨是行動的法則。

（三）圓活合順

　　圓活，指動作以腰為軸所產生的身體處處帶有弧形的運
動線路；合順，則指在圓活的基礎上，身體各部分協同作功
的運動能力。動作的圓活是以脊柱為軸，並由兩腿的虛實轉
換和重心的左右移動所產生的向心力和離心力，帶動四肢進
行或大或小的弧形運動。

（四）鬆緊適度

吳式太極拳行功時，要求人體注重運用精神意念的一緊一鬆，使內氣運行流暢，肌肉收縮有律，緊、鬆、剛、柔互為其根，周而復始。這種人體運動狀態的有序化，能達到重新調整精神，塑造行為的目的。

二、學練特點

太極拳的學練提高可以分成三個階段：第一階段打好形體基礎；第二階段力求完整協調；第三階段注重內外相合，形神兼備。

（一）基礎階段

寫字要首先保證字形準確，打太極拳也要首先做到姿勢動作正確，符合要求，打好形體基礎。形的基礎指身型、手型、步型、身法、手法、步法、腿法、眼法等型法符合規格，避免錯誤定型。武術家常說「學拳容易改拳難」，一旦形成錯誤習慣，糾正會更困難，所以，從學練之初就要十分注意型和法的規範要求。體的基礎指體力、素質和基本功的訓練，為技術提升打好物質基礎。這一階段的技術要求和練習要點是：

1. 體鬆心靜

打拳時要求身體放鬆，心理安靜，精神集中，呼吸自然。要學會調整自己的身體，消除緊張，不但使肢體舒鬆，還要做到心理安靜。

2. 斜中寓正

吳式太極拳的步型是川字步型，身型要求斜中寓正。有的人長期形成了不良習慣，打拳時拱肩駝背，低頭彎腰。也有人動作緊張生硬，造成身體前俯後仰，擺臀扭胯。這些都要認真糾正，在打拳中努力保持良好的體型、體態。其次要掌握吳式太極拳的動作身型何時斜，何時正。

3．型法準確

對每種型法的規格、要領都要清楚，一招一勢力求準確。從一開始就力求準確，寧可學得少一點，努力做得好一點的學習態度，是最紮實、最有效的途徑。

4．舒展柔和

姿勢和動作既不能緊張生硬，也不能軟縮乾癟。應做到姿勢舒展，動作柔和，柔而不軟，展而不硬，剛柔適度。在放鬆自然狀態下，輕柔飽滿地展現自身。

（二）熟練階段

這一階段要求打拳完整協調，連貫圓活，動作如行雲流水，和諧流暢，不發生「斷勁」現象。這是衡量一個人技術熟練與否的重要標誌。

1．上下相隨

任何太極拳都要求手、眼、身、步協調配合，周身形成一個整體。初學者往往顧此失彼，發生手腳脫節，四肢與軀幹分家，以及運動中生硬轉折，忽輕忽重等現象，武術術語稱為「斷勁」。太極拳技術的提升和熟練，首先應表現出運動的協調性、完整性。

2．運轉圓活

太極拳也要力求圓活和順，轉接自然，避免直來直往，生硬轉換。要做到這一點，需要特別重視腰和臂的旋轉，以腰為軸帶動四肢。以臂為軸牽引兩手，使手腳動作和軀幹連成一體。

3．動作連貫

太極拳動作之間要前後銜接，綿綿不斷，不允許有明顯的停頓和割裂。前一動作的完成即轉入後一動作的開始，做到「勢斷勁不斷，勁斷意不斷」。兩個動作之間，先由意念和氣勢聯結轉換，再由腰腿帶動四肢，由內而外，由微漸著地發生形變。切忌生硬突然，急起急停。

（三）自如階段

這一階段的重點是意念引導和呼吸調整，力求氣勢流暢，內外相合，形意統一，得心應手。

1．以意導體，分清虛實

練太極拳自始至終要求思想專一。但是初學時思想只能集中於記憶動作和規格要領，其表現是精力用在手腳上。動作熟練以後，思想集中於周身協調，精力重點用在腰腿上。技術再提升，思想就會轉入動作的虛實和勁力的剛柔運用方面，表現為精力放在意念引導動作上。

2．以氣運身，氣力相合

初學太極拳只要求自然呼吸，當吸則吸，當呼則呼，通暢自然，不必受動作約束。技術提升以後，應該有意識地引導呼吸與動作配合，使動作和勁力得到更好發揮。這種呼吸叫做「拳勢呼吸」。一般說來，當動作轉實時，應該有意識地呼氣、沉氣，以氣助力；當動作轉虛時，有意識地吸氣，以利於動作轉換。所以，太極拳經典理論說「能呼吸然後能靈活」。

吳式太極拳動作名稱

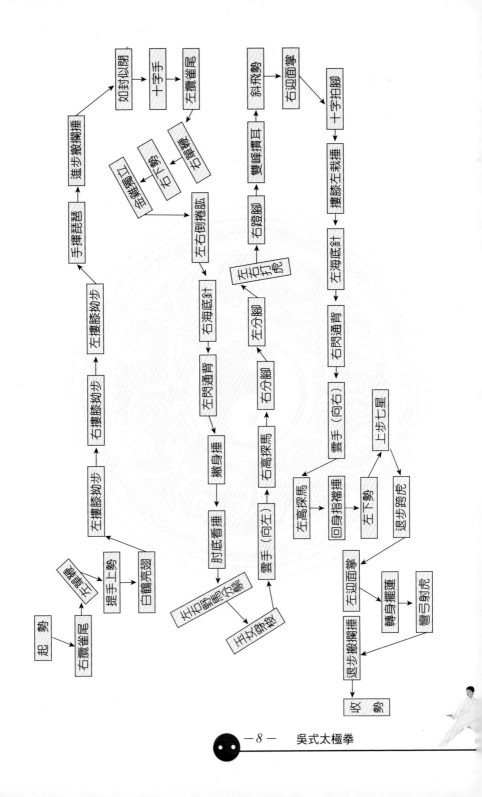

（一）起勢（面向南站立）

兩腳併攏，身體舒鬆，自然站立；頂懸頸直，下頦微內收，胸含腹鬆，肩臂鬆垂，兩手輕附於大腿外側，指尖向下，掌心向裏；心靜神聚，精神集中，呼吸自然；眼看前方。（圖1）

左腳向左橫移半步，兩腳同肩寬。（圖2）

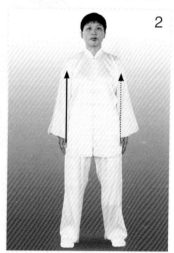

兩手臂向前上方慢慢舉起，兩腕同肩高，兩臂微屈，手心斜向下，兩手同肩寬。（圖3）

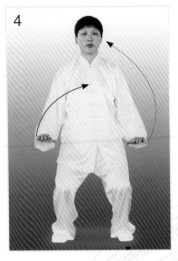

　　兩腿屈膝鬆胯半蹲；同時，兩手屈臂下按至胯旁，手心向下，指尖向前。（圖4）

【錯誤與糾正】

　　①**錯誤**：八字腳，兩腳一前一後，不在同一條橫線上。**糾正**：開步時，左腳以右腳為基準，兩腳平行開立，兩腳尖在同一條橫線上。

　　②**錯誤**：定勢時，凸臀，兩掌向下按至腹前。**糾正**：屈膝下蹲時，提頂立身，上體保持正直，斂臀下蹲，兩掌按至胯旁。

（二）右攬雀尾

　　左腳向前上步，腳跟著地；重心在右腿，兩手臂經外向前上方、向裏畫弧舉至胸前；右手附於左前臂內側，手心斜向下，兩臂微屈；眼看左手。（圖5）

　　左腳尖落地踏實，重心前移成左弓
步；同時，左前臂橫於胸前；右手附於
左腕部向前擠出；左手心向裏，指尖向
右；右手指向上；眼看前方。（圖6）

　　左腳以腳跟為軸腳尖內扣約45°；
同時，上體右轉；右手隨之經左手上向
右畫弧，屈肘舉至面前，手心向左前
方，指尖向上，左手附於右前臂內側近
側端；眼看右手。（圖7）

　　上體繼續右轉（胸向西）；右腳以
腳前掌為軸內碾後微提起向前落步，腳
尖翹起，重心在左腿，同時右手外旋，
手心斜向上，手指斜向前，指尖與鼻同
高；左手內旋附於右前臂內側，兩臂微
屈；眼看右手。（圖8）

動作與（圖6）相同，唯左、右方向相反。（圖9）

右手內旋向右前方伸出；左手外旋附於右前臂內側遠端；接著重心移至左腿；同時身體微右轉；隨之右手向右、向下收至右胯旁，手心向下，左手仍附於右前臂內側；右腳尖翹起，腳跟著地；眼看右手。（圖10 、11）

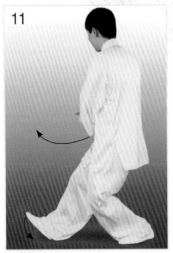

上體微左轉；隨之右手外旋，左手內旋，向前伸出至手與胸高，右手心向上，左手心向下；右腳尖下落，重心微前移；接著上體右轉；右手繼續向前、向上、向右畫弧至右前方，手腕與肩高，重心移向右腿成右弓步；眼看右手。（圖12、13）

重心移向左腿，右腳尖翹起；同時，上體右轉；隨之右臂屈肘向右旋腕畫弧舉至右肩處，手與耳同高，手心斜向上；左手附於右前臂內側隨之運轉；眼看右手。（圖14）

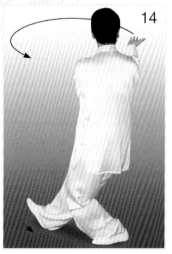

身體左後轉（胸向南）；同時，左腳尖內扣落地；隨體轉右手向左、向前畫弧先向胸前推按，接著再向前方按出，手心向左前方，指尖向上，腕與肩平；左手外旋附於右腕下，手心斜向上；重心移向右腿；眼看右手。

（圖15、16）

【錯誤與糾正】

①**錯誤：**左腳向前上步後，上體向左歪斜，右胯向右凸出。兩腳前後在一條直線上。**糾正：**重心移至右腿坐實後，上體保持正直的情況下，上左腳，左胯根鬆沉。兩腳尖橫向距離同肩寬。

②**錯誤：**重心前移時，上體向右歪斜，凸臀，左胯向左凸出。**糾正：**斂臀鬆胯重心前移。左膝對準左足尖，使左胯不外凸。身體斜中寓正，不是左右歪斜。

③**錯誤：**扣左腳時，易重心後移，並且凸臀。**糾正：**重心不後移，直接扣左腳，同時斂臀立身，上右步。

④**錯誤：**重心後移時，後腿放鬆不充分，左胯僵挺，並且挺胸凸臀，下頷前探，上體前傾。**糾正：**重心後移時，左腿放鬆，左胯根鬆沉，上體在後移的同時，背往後倚靠立身，斂臀，重心後坐至左腿。

（三）左單鞭

以左腳前腳掌為軸向外碾轉後提起，腳尖外展，向後方伸出著地；右手變勾；眼看右手。（圖17、18）

左腳跟內旋逐漸過渡至全腳踏地，重心左移，兩腿屈膝成馬步；同時，上體左轉（胸向東南），隨體轉左手立掌向左畫弧，掌心翻向外擺至左前方，腕與肩平，指尖斜向上；眼環視左手。（圖19）

【錯誤與糾正】

①**錯誤：**左右腳的動作交待不清楚，落腳方向含糊。**糾正：**撤步時，左腳前腳掌先落地，繼而腳跟內收全腳落實地面，右腳跟稍外展形成馬步。方向：左後45度方向撤步。

②**錯誤：**定勢時，挺胸，塌腰，凸臀，上身前傾。**糾正：**定勢時，提頂，立身，斂臀，重心移至兩腿之間，背向後倚靠。

（四）提手上勢

　　上體右轉；左手上舉至左額上方，手心向前；右勾手變掌落於右胯前；重心移至左腿，左腳尖隨之微內扣；右腳掌碾轉，腳跟裏收，接著提起右腳稍向前移步，腳尖翹起，腳跟著地；右手向上舉於胸前，手心斜向上，虎口向上；左手下落附於右前臂內側，手心向下；兩臂微屈；眼看右手。（圖20、21）

　　右腳尖下落，全腳掌踏實，重心移向右腿成右弓步；同時，右前臂橫於胸前，左掌附於右腕部向前擠出；右手心向裏，指尖向左；左手心向前，指尖向上；眼看前方。（圖22）

右掌逐漸變勾手經下向右、向上內
旋畫弧提起；左手附於右腕部；上體微
右轉；左腳跟提起；接著左腳向前收至
右腳內側踏實，兩腳相距同肩寬；上體
再微左轉（胸向南）；同時，右勾手變
掌向上、向左舉於右額上方；手心向前
上方；左手按於小腹前，手心向下，指
尖向右；兩膝微伸，重心在兩腿之間；
眼看前方。（圖23、24）

【錯誤與糾正】

①**錯誤：**手腳配合不協調。**糾正：**左腳尖內扣，上體右轉
重心繼續移至左腿。

②**錯誤：**右手變勾手時，腰與上肢配合不協調。**糾正：**變
勾手時，鬆胯稍向右轉腰，勾手變掌時，再微向左轉腰使練習
者面向起勢方向。

（五）白鶴亮翅

兩膝微屈，上體微左轉；左手下落，臂外旋，手心向外隨轉體向左畫弧至左胯旁；接著上體右轉（胸向南）兩腿伸起；隨轉體左手向上、向右舉至額的左前方；同時，右手舉至額的右前方，兩手心均向前，兩臂微屈；眼平視前方。（圖25、26）

兩腿屈膝微下蹲；同時，兩手臂外旋，兩肘下垂，手心翻轉向裏，腕與肩平；眼平視前方。（圖27）

【錯誤與糾正】

①錯誤：上體左轉屈膝時撐膝凸臀，向左轉體時，右胯向右凸出，腰的轉動不大。糾正：轉腰帶動上體左轉，鬆胯，斂臀，兩膝不動。

②錯誤：左掌向前旋臂後向左轉。糾正：左掌向下鬆按，臂外旋，隨上體左旋轉時左掌向左畫弧至左胯旁。

（六）左、右摟膝拗步

左腳碾轉，腳跟內收後再向左前方上步，腳跟著地，腳尖翹起；同時，上體左轉；左手內旋，手心翻轉向下後再繼續經下向左畫弧摟於左膝前方，手心向下，指尖向前；右手屈腕內旋置於右耳側，手心向裏，指尖向前；眼看左手。（圖28）

左腳尖下落，全腳掌踏實；右腳跟外展，重心前移成左弓步（胸向東）；同時，右手向前推出，腕與肩平，手心向前，手指向上；左手摟至左膝外側上方；眼看右手。（圖29）

重心移至左腿，右腿屈膝提至左腳內側；同時，右手屈肘向左畫弧至肩前，手心向外，手指向上；左手微向前上挑至左胯前，手心向內，手指斜向下；眼看右手。（圖30）

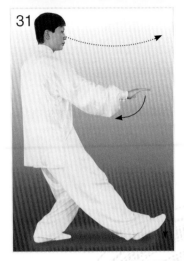

　　右腳向右前方上步，腳跟著地；同時，右手向右畫弧攔於右膝前方，手心向下，指尖向前；左手經前向上弧形提至左耳側，手心向內，手指向前；眼看右手。（圖31）

　　右腳尖下落，全腳掌踏實，重心前移成右弓步；同時，右手向右外攔按至右膝外側上方；左手向前推出，腕與肩平，手心向前，指尖向上；眼看左手。（圖32）

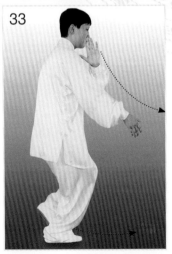

　　動作與（圖30）相同，唯左、右互換。（圖33）

動作與（圖31）相同，唯左右互換。（圖34）

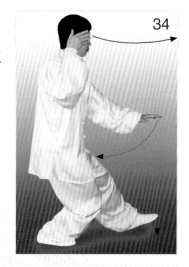

動作與（圖32）相同，唯左右互換。（圖35）

【錯誤與糾正】

　　①**錯誤**：上體前傾，下額前探，塌腰凸臀，鬆肩抬肘。**糾正**：左腳上步，腳跟著地，提頂立身，斂臀坐胯，含胸拔背，沉肩墜肘，肘關節不得高於肩。

　　②**錯誤**：弓步時，起伏明顯。**糾正**：重心前移時，鬆胯，鬆踝，後腳跟落地後重心平移至前腳，重心的高度不變。

　　③**錯誤**：定勢時，上體過於中正或過於前傾，塌腰凸臀。**糾正**：定勢時，上體稍前傾，鼻尖對準前腿膝關節的內側斂臀沉胯。

（七）手揮琵琶

重心移至右腿，右腿屈膝；左腳尖翹起，腳跟著地；同時左手外旋向前上方伸出，手心斜向上，手指尖高與鼻齊；右手回收附於左前臂內側；眼看左手。（圖36）

左腳尖落地踏實，重心稍前移；上體微右轉；隨之左手內旋，手心向下；右手外旋，手心向上，兩手一齊經右向前畫弧至胸前；繼而重心前移成左弓步；上體左轉；兩手向左、向前、向上畫弧至左前方，與胸同高，眼看左手。（圖37、38）

左腿伸膝；右腳收於左腳內側，兩腳平行站立，兩腳間距約20公分；同時，左手外旋上舉至左前方，手心斜向上，手腕稍高於肩，右手落於右腹側，手心向裏，眼看左手。（圖39）

【錯誤與糾正】

①**錯誤：**重心移至右腿時，左掌偏向左前上方伸出。

糾正：左掌外旋時拇指對準鼻尖的高度。

②**錯誤：**兩腳前後距離過長，重心回不到右腿上。**糾正：**摟膝拗步上步時，前腳腳跟落地後，重心再前移。這樣重心就能完全回移至後腿。

③**錯誤：**兩腳平行站立後，再伸膝直立。**糾正：**左腿一邊伸膝，右腳一邊收於左腳內側，兩腳平行站立，兩腳間距約20公分。

（八）進步搬攔捶

兩腿屈膝下蹲，重心落於兩腿間；上體微右轉；右手外旋，手心向上；左手內旋，屈臂回落至右手上方，手心向下，兩手心約距10公分，落於右膝前上方；眼看左手。（圖40）

　　重心移至右腿；左腳向前上步，腳
跟著地，腳尖翹起；同時上體微右轉；
兩手隨腰右移；接著，左腳尖落地，重
心前移成左弓步；隨重心移動，上體左
轉（胸向東），兩手一齊向左前上方畫
弧置於胸前；眼看左手。（圖41、42）

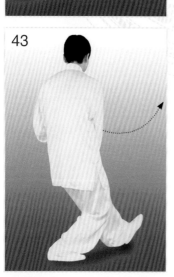

　　右腿屈膝，重心後移，左腳尖翹
起，上體微左轉；同時，兩手一齊隨轉
體向左、向下畫弧至左腰前；左手心向
下，指尖向前；右手心向上，指尖向
左；眼看左手。（圖43）

上體繼續右轉（胸向東）；隨之左手向前、向上伸出，手心向右，指尖斜向上，手腕高與肩平；右手逐漸變拳隨轉體收至右腰側，拳心向裏；眼看左手。（圖44）

左腳尖落地踏實，重心前移成左弓步；同時，右拳向前打出，拳與胸同高，拳眼向上；左手附於右前臂內側；眼看右拳。（圖45）

【錯誤與糾正】

①**錯誤**：只動上肢，腰不動。**糾正**：屈膝下蹲時，上體微右轉，腰動手動，左腳上步時，上體繼續右轉。

②**錯誤**：重心後移時，兩掌直收，上體前傾。**糾正**：重心後移時，斂臀立身，背有向後倚靠之意，兩掌向左、向下弧行收至左胯側。

③**錯誤**：定勢時拳同肩高，拳掌分家。**糾正**：右拳向前擊出時，拳同胸高，左掌附在右前臂內側。

（九）如封似閉

　　左手穿至右上臂下，塌腕，手指上翹，手心向右，然後經肘下前伸出；同時，右臂微屈，右拳變掌回收，當兩手收至胸前時，兩腕相搭，左手在外，右手在內，手心均向內；重心後移；右腿屈膝半蹲，左腳尖翹起；同時兩手左、右分開收舉於兩肩前，腕同肩高，兩手略寬於肩，兩臂屈肘下垂；眼看前方。

（圖46、47、48）

　　左腳尖落地踏實，重心前移成左弓步；同時兩手內旋一齊向前推出，臂微屈，手心向前，指尖向上，手腕高與肩齊，與肩同寬，眼看前方。（圖49）

【錯誤與糾正】

①**錯誤：**重心後移時，塌腰凸臀，兩掌間太寬。**糾正：**後腿放鬆，斂臀立身，背向後倚靠，兩掌略比肩寬。

②**錯誤：**前支撐腿僵直。**糾正：**重心坐實右腿，沉胯，前腿膝關節微屈。

③**錯誤：**前移時，上體先向前傾，再向前壓重心。**糾正：**重心鬆沉至右腿，右腳蹬地重心前移，上體隨重心前移勻速微向前傾。

（十）十字手

兩手下按落於體前，高與腹平，指尖向前，右腳掌向右碾轉，兩腿屈膝半蹲並使身體右轉（胸向南），經馬步重心右移；左腳掌向右碾轉成右弓步；同時兩手左、右平分成前側舉，手心均向下；眼隨視右手。（圖50、51、52）

50

51

52

右腿伸膝；左腳收提至右踝內側，兩腳與肩同寬；兩手由兩側向上舉至額的側前方，手心斜相對，手指向上，兩臂屈肘下垂；接著左腳跟落地踏實，重心移至兩腿之間，慢慢屈蹲；同時，兩手向內下落至胸前，兩腕交叉相搭，左手在外，右手在內，手心均向外，指尖斜向上；眼看前方。（圖53、54）

【錯誤與糾正】

①錯誤：手眼配合不協調。糾正：兩掌分開時，眼隨右掌看向身體的右邊。

②錯誤：定勢時，挺胸凸臀，兩膝前壓過多。糾正：提頂，豎項，含胸，立身斂臀沉胯，重心坐於兩腿之間，兩膝不得超出足尖。

（十一）左攬雀尾

重心移至右腿；左腳向左前方（東南）上步，腳跟著地，腳尖翹起；同時左手向下經腹前摟至左膝前；右手屈腕提至右耳側，手心向裏，指尖向前；眼看左手方向。（圖55）

動作與第（六）勢「左摟膝拗步」基本相同，唯方向朝東南方；步型略寬。（圖56）

右手外旋，手心向上；左手上提經右肘關節上面向右、向前上方畫弧，指尖與鼻同高，手心向前下方；右手回收附於左前臂內側下端；接著，右腿屈膝，重心後移；左腳尖翹起；同時上體微左轉；隨之兩手經左向下畫弧收於左胯前，左手心向下，指尖向前；右手心向上，指尖向左；眼看左手。（圖57、58、59）

　　上體右轉，左手外旋，手心向上；右手內旋，手心向下附於左前臂內側，隨轉體向右至腹前；接著左腳尖落地踏實，重心左移成左弓步；上體隨之左轉；同時左手向右、向前、向左畫弧至胸前，指尖與鼻同高；眼看左手。（圖60、61）

　　動作與第（二）勢「右攬雀尾」相同，唯方向相反。（圖62）

身體右後轉（胸向西南）；同時，左腳尖內扣落地；隨體轉左手向右、向前畫弧先向胸前推按，接著再隨上體左轉向前方按出，手心向右前方，指尖斜向上，腕與肩平；右手外旋附於左腕下，手心斜向上；重心移向左腿；眼看右手。（圖63、64）

【錯誤與糾正】

錯誤：左掌提起時，鬆肩抬肘。糾正：沉肩墜肘提手穿掌至右臂上。

（十二）右單鞭

左手變勾；右腳跟提起，腳掌向右碾轉，接著，右腳向右後方（東北）撤步，腳尖外展落地；眼看左手。（圖65、66）

　　兩腿屈蹲，上體右轉（胸向西北），重心移至兩腳之間成馬步；同時，右手立掌向右畫弧內旋，使掌心翻向外至右前方（正北），腕與肩平，手心向前，指尖斜向上；眼看右手。（圖67）

（十三）右下勢

　　以右腳掌為軸，腳跟內收；上體右轉；同時右手內旋，手心向外，指尖向前，隨轉體向右畫弧平摟；接著，身體繼續右轉（胸向東），左腳向左前方（向西）上步；左勾手變掌向下、向右、向前上方畫弧至胸前，同時右手外旋，掌心向左，兩手平舉於體前，手心相對，與肩同高、同寬，指尖均向前（正東）；眼看前方。（圖68、69）

69

左腿屈膝，重心左移，同時上體左轉；左手內旋，右手外旋，兩手心均向外，指尖向上，同向左畫弧至左肩外側，腕與肩平；接著，左腿屈膝全蹲成右仆步；上體隨之右轉，兩手先下按，經腹前沿右腿內側前穿，右手穿至右踝處；左手穿至右膝內側，拇指側均向上，眼看右手。（圖70、71）

70

【錯誤與糾正】

①**錯誤：**只動四肢不動腰。**糾正：**重心移至右腿，向右轉腰帶動四肢運動。

②**錯誤：**仆步時，上體前傾過多，凸臀，縮脖，兩臂僵直。**糾正：**下勢時，盡量鬆腰沉胯，提頂，立身，屈蹲重心坐實左腿，鬆沉肩、肘、腕關節。

71

（十四）金雞獨立

　　左腿蹬伸，右腿屈膝前頂，重心逐漸前移，右腳尖外擺，身體隨之右轉，屈膝成右弓步；右手隨身體移轉向前、向上穿至胸前時變手心斜向下；左手相隨穿至右肘下，手心向上；眼看左手。（圖72）

　　重心全部移至右腿後自然伸直，左腿屈膝、外展提至體前，腳尖微上翹外撇；同時左手經右臂外側內旋上架至額的左前方，手心斜向上，指尖向右，右手下按至左膝內側，手心向下，指尖向左；眼看前（東）方。（圖73）

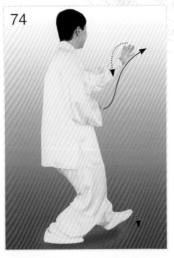

　　右腿屈膝；左腳向左前方落步，腳跟著地，同時左手向前外旋下落；右手外旋，手心翻向上；接著，左腿屈膝，重心前移成左弓步；上體隨之左轉（胸向東北）；當左手下落至與肩同高時，右手經左肘下沿左前臂外側向前上方穿出，手心斜向上；左手附於右前臂內側，手心向下；眼看右手。（圖74、75）

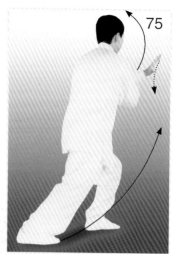

動作與（圖73）相同，唯左右相反。（圖76）

【錯誤與糾正】

①**錯誤：**重心先向上起，再向前移。**糾正：**左腿蹬伸，重心前移，左腳提起腳尖外撇。

②**錯誤：**左掌架起時，上體前壓凸臀收左腳。**糾正：**重心全部移至右腳後，斂臀提起左腳，上體不可前俯後仰。

③**錯誤：**定勢時，上架手臂僵直，右手不到位，提起腳不外撇。**糾正：**手臂成弧形上架，右掌按到左膝的內側，提起腳腳尖微上翹外撇。

（十五）左、右倒捲肱

　　左手外旋，指尖向下，掌心向外、向前推出；右手屈肘、外旋扣腕收於右耳側，手心向裏，指尖斜向前；接著，左腿屈膝，右腳下落懸於左小腿內側；同時左手內旋，手心向下按於腹前；繼而，右腳向後落步成左弓步；右手向前推出，手心向前，指尖向上，腕與肩平，左手摟至左膝外側上方；眼看右手。（圖77、78、79）

右腿屈膝，重心後移，左腳尖翹起；左手屈肘外旋扣腕收至左耳側；右手內旋，手心向下、向左下方畫弧下按（與左腳尖上下相對），手指向左前方；眼看右手方向。（圖80）

重心全部移至右腿；左腿屈膝提起向後落地成右弓步；同時，左手向前推出，右手摟至右膝外側上方；眼看左手。（圖81、82）

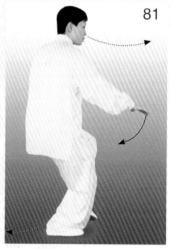

動作與（圖80）相同，唯左右相
反。（圖83）

動作與（圖81、82）相同，唯左右
相反。（圖84、85）

【錯誤與糾正】

①錯誤：左掌撩出，縮脖，聳右肩
抬右肘。糾正：左掌外旋鬆胯向前推
出，提頂豎項右肩鬆沉，右肘有意識下
墜，右掌小指一側內裏。

②錯誤：撤步時，上體前傾過快或
不動，下頦前探。糾正：沉胯撤步時，
隨撤步上體逐漸前傾，鼻尖對準前腿膝
蓋內側，提頂豎項。

③錯誤：只動四肢，不動腰。糾
正：重心後移時，轉腰帶臂運行。

（十六）右海底針

右腿屈膝，重心後移；左腳尖翹起；右手鬆腕前伸；左手向前舉至膝外側前上方；眼看右手。（圖86）

重心繼續後移，隨之左腳回收至右腳左前方，腳尖著地，兩腿屈膝下蹲；右臂微屈，垂落於體前，指尖距地面約20公分，手心向左；左手前擺畫弧屈臂向上收至右耳側，手心向外；眼看右手前下方。（圖87）

【錯誤與糾正】

①**錯誤**：重心後移時，重心起伏較大。**糾正**：後腿的髖、膝、踝關節放鬆，重心平穩移至後腿。

②**錯誤**：下蹲時，塌腰凸臀或全蹲。**糾正**：下蹲時，重心坐實右腿，提頂斂臀下蹲但不能全蹲，腿上要有向上撐站之力。

③**錯誤**：右臂回收下插。**糾正**：右臂微屈鬆腕，在體前垂落。

（十七）左閃通背

　　兩腿伸膝，左腳向前上步，腳跟著地；同時，右臂向上挑呈前平舉，手心向左，指尖向前；左手外旋，手心向上落至右肘下，隨即向前穿至右腕處；眼看右手。（圖88、89）

　　左腳尖內扣落地，以右腳掌為軸腳跟內收，身體右轉（胸向南），兩腿屈膝成馬步；同時，右臂屈肘，右手架至右額上方，手心向上；左手內旋，沿右手下向前推出，腕與肩平，手心向右前方；眼看左手。（圖90）

【錯誤與糾正】

　　①錯誤：轉體與四肢配合不協調。糾正：左腳內扣，右腳以腳前掌為軸碾轉時，向右轉腰，重心移至兩腿中間，兩臂展開。

　　②錯誤：定勢時，兩腳前後相錯並且八字步嚴重。糾正：左腳從右腳內側向前方上步，左腳扣腳時，要扣正。右腳碾轉時，要轉正。

　　③錯誤：定勢時，挺胸塌腰，左掌方向不對，兩膝超過足尖甚至形成半跪膝。糾正：定勢時，提頂、含胸、斂臀坐胯，身體重量坐於大腿上，膝蓋不得超過足尖，左掌向斜前方推出。

（十八）撇身捶

右腳外展，左腳內扣；身體微右轉（胸向西南）；兩臂微屈，兩手變拳由上向內、向下收至腹前，拳心均向下；接著右腳稍向右移步；右拳外旋，向右前方畫弧打出，手腕與肩同高，拳心斜向上；眼看右手。（圖91、92）

重心前移成右弓步；同時，上體右轉（胸向西）；隨之左拳變掌從右臂上向前推出，手心斜向右，指尖向上，腕與肩同高；右拳屈肘收至右腰側；眼看左手。（圖93）

【錯誤與糾正】

①**錯誤：**重心右移，扣腳後再左移轉體。**糾正：**在轉體時重心直接移向左腿，並且扣左腳轉體。

②**錯誤：**左掌掌心向前推出，上體前俯過多。**糾正：**左掌向前推出時，掌心斜向右，指尖向上，立掌推出，上體稍前傾，豎項，頭不能超出足尖。

（十九）肘底看捶

　　左腿屈膝，重心後移，右腳尖翹起；上體微左轉；同時，左手向左、向下畫弧置於體左側，手與腰同高；右拳變掌經下向右、向上、向左畫弧至體前，手腕與肩同高；接著，右腳向後撤步；同時，左手收於腰間，手心向上，指尖向前；右臂屈肘按掌於胸前，手心向下；眼看右手。（圖94、95）

　　重心後移右腿，左腳尖翹起；上體微右轉（胸向西）；同時，左手變拳經右手腕上向前上方打出，拳心斜向上，腕與肩同高；右手變拳收至左肘下，拳眼向上，兩臂微屈；眼看右拳。（圖96）

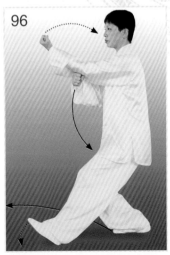

【錯誤與糾正】

　　①錯誤：定勢時，前支撐腿僵直，右胯外凸，上體前傾。糾正：重心後移時，斂臀立身背有向後有倚靠之意，重心坐於後腿、沉胯，前腿膝關節微屈。

　　②錯誤：右臂夾肩縮肘，左臂彎曲嚴重。糾正：右肩放鬆沉肘，手臂成弧形，左臂沉肩墜肘，拳有向前擊出之意，弧度不宜過大。

（二十）左、右野馬分鬃

左腳尖落地踏實，左腿屈膝，重心前移；右腳向右前方上步，腳跟著地；同時，右手變掌下落至左膝外上側，手心向外，指尖向下；左臂屈肘，左手變掌收至右肩前，手心向外，指尖向上；眼看右前方。（圖97）

右腳尖落地踏實，兩腿屈膝，上體左轉經馬步重心右移成右弓步；同時，左手向左前方下落；右手向右前方上舉；使兩手至胸前時上下相合，手心相對；隨即，兩手分別向上、下，左、右相分，左手至左胯側，手心向下，指尖向左前方；右手舉至右前上方；與頭同高，手心斜向上；眼看左手。
（圖98、99）

左腳向前上步，腳跟著地；上體右轉（胸略偏西北）；左手向右收至右膝外上側，手心向外；右手屈肘向左收至左肩前，手心向外，指尖向上；眼看左前方。（圖100）

左腳尖落地踏實，兩腿屈膝、重心左移經馬步成左弓步；同時兩手在胸前上下相合，再分別向上、下，左、右相分，右手至右胯旁，手心向下，指尖向右前方；左手舉至左前上方，手心斜向上；眼看右手。（圖101）

【錯誤與糾正】

①錯誤：沒有形成馬步即分掌。糾正：重心移向另一條腿時，轉體須經馬步再分掌形成弓步。

②錯誤：分掌時沒有轉腰只是前穿後按。糾正：分掌時應轉體，兩掌分別向上、下、左、右擦腰分掌。

③錯誤：換重心時，易形成重心後移再前移，上體前傾凸臀。糾正：在弓步的情況下，重心繼續前移，立身斂臀坐實支撐腿提收後腿。

（二十一）玉女穿手

　　重心移至左腿，上體左轉；左腿屈膝；右腳屈膝提至左小腿內側；同時，右手外旋，手心向上，經腹前向上沿左前臂下穿出；左手內旋，屈肘附於右前臂內側；眼看右手。（圖102）

　　右腳向右落步，重心慢慢移成右弓步；上體右轉（偏向西北）；隨之右手向右、向上畫弧舉至體前，手腕同肩高；左手仍附於右前臂內側；眼看右手。（圖103）

　　左腿屈膝，重心後移，右腳尖翹起；上體右轉，隨之右手屈臂向右旋腕，至肩右前上方，手心斜向上；接著，上體左轉，右手再內旋屈肘上舉至右額前；左手收於左腰間，手心向上；眼隨視右手，最後看右前方。
（圖104、105）

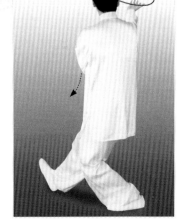

右腳尖落地踏實，重心前移成右弓步；上體右轉（胸向西北）；同時，左手向前推出，腕與肩同高，肘微屈；右手屈肘架於額右前上方，手心斜向上；眼看左手。（圖106）

右腳尖內扣；左腳掌向左碾轉，腳跟提起，上體左轉（胸向西南）；同時，兩臂屈肘，兩手臂上下合抱於胸前，右手臂在上，手心向下；左手臂在下，手心向上；眼看右手。（圖107）

左腳稍向左前方移步，全腳掌踏實，重心前移成左弓步；同時，上體左轉（胸向東南）；隨體轉左手向左、向前、向上畫弧伸出，腕與肩同高，手心斜向上；右手向右附於左前臂內側；眼看左手。（圖108）

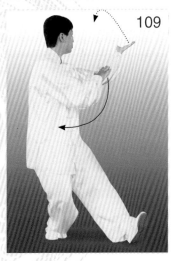

動作與（圖104、105）相同，唯左、右方向相反。（圖109、110）

111

動作與（圖106）相同，唯左、右方向相反。（圖111）

【錯誤與糾正】

①**錯誤**：右腳提收時，上體還保持前傾。**糾正**：當提收右腳時，上體提頂立身斂臀沉胯坐實前腿。

②**錯誤**：上架掌在轉體時，高度不變最後突然上架。**糾正**：上體右轉，左轉，再右轉時右掌隨轉體不斷地旋腕向上起架。

③**錯誤**：換玉女穿梭時，後移重心凸臀扣腳。**糾正**：直接扣前腳尖，轉腰帶臂轉體。

112

（二十二）雲手（向左）

重心後移；右腳外擺；左腳向左後方稍撤步，腳尖內扣，與右腳平行；身體隨之右轉（胸向西南）成右橫弓步；同時右手微外旋，隨轉體向右平擺舉於右肩前上方，腕略高於肩；左手經體前向下畫弧落於左胯旁，手心斜向下；眼看左前方。（圖112）

動作不停，上體右轉（胸向西南），隨之右手內隨，手心翻向下，向右前方伸出；左手外旋，手心向上，經腹前向右上方畫弧至右肋前；眼看右手。（圖113）

左腳外擺，右腳裏扣，左腿屈膝，重心後移，上體隨之左轉（胸向南）成左橫弓步；隨轉體左手向上，經面前向左畫弧舉至左肩前上方，腕略高於肩；右手經體前向下畫弧落於右胯旁，手心斜向下；眼看右前方。（圖114）

重心左移，右腳屈腿收至左腳內側，兩腳相距同肩寬；同時，上體左轉（胸向東南），左手內旋，手心翻向下，向左前方伸出；右手外旋，手心向上，經腹前向左上方畫弧至左肋前；眼看左手。（圖115）

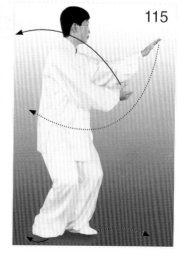

左腳尖稍外擺踏實，重心右移；左
腳向左開步，腳跟著地；同時上體右轉
（胸向西南）；隨轉體右手向上經面前
向右畫弧舉至右肩前，腕略高於肩；左
手向下畫弧經腹前至右肋前；眼看右
手。（圖116）

左腳尖落地踏實，重心左移；上體
左轉（胸向南）成左橫弓步；同時，左
手向上經面前向左畫弧舉至左肩前上
方，腕略高於肩；右手向下、向左畫弧
落於右胯旁。（圖117）

重心左移，右腳屈腿收至左腳內
側，兩腳相距與肩同寬；同時，上體左
轉（胸向東南）；隨轉體左手內旋，手
心翻向下，向左前方伸出；右手外旋，
手心向上，經腹前向左上方畫弧至左肋
前；眼看左手。（圖118）

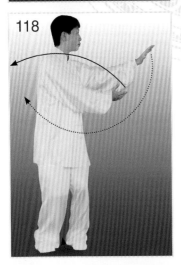

動作與（圖116）相同。（圖119）

動作與（圖117）相同。（圖120）

【錯誤與糾正】

①**錯誤：**手動腰不動，或腰與四肢動作配合不協調。**糾正：**當左腳外擺時，重心向左移動，向左轉腰時帶動上肢向左運，行至橫弓步時，肩臂要有向左的靠勁。

②**錯誤：**靠到一邊時，左右胯易形成一高一低，上身左右歪斜。**糾正：**重心移向左（右）腿時，左右胯保持平穩，不能左右歪斜。

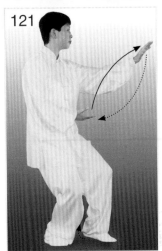

（二十三）右高探馬

　　重心左移，右腿屈膝進半步，腳尖向前；同時上體左轉，隨轉體左手內旋，手心翻向下，向左前方伸出；右手外旋，手心向上、向左畫弧至腹前；眼看左手。（圖121）

　　重心移至右腿；左腳跟提起，腳尖著地成左虛步；上體微左轉（胸向東），隨轉體右手向左手方向推出，手心向左前方，腕與肩同高；左手收落至腹前，手心向上，指尖斜向前；眼看右手。（圖122）

【錯誤與糾正】

　　①錯誤：手動腰不動。糾正：隨右轉腰，右掌鬆沉左掌走一下弧再左轉腰時，右掌立掌向前推出，左掌收至腹前。

　　②錯誤：重心前後移動時，身體前後晃動。糾正：重心的高度保持不變，重心前後移動。

（二十四）右分腳

　　兩腿稍屈膝下蹲；右手向下、向右；左手向上、向左、向前使兩手分別在體前畫一小弧；接著，左腳向左前方（東北）上步，重心慢慢前移成左弓步；同時，右手在體前向左、向前、向上畫一斜圓後舉至右前方（東南），手心斜向下，指尖向右前方，腕與肩同高，左手在體前經右手臂下畫一小斜圓後附於右前臂下；眼看右手。（圖123、124）

　　上體微左轉；隨之右手向下、向左落於左膝外側，手心向外，指尖斜向下；左手屈肘收至右肩前，手心向外，指尖向上；眼看左下方。（圖125）

左腿伸膝獨立；右腿屈膝前提起；上體右轉（胸向東）；同時，右手臂向左、向上經左手臂外側向右上方畫弧，手臂一齊上舉至額前方，兩手相搭，右手在外，兩手心均向前；眼看前方。（圖126）

右腿向右前方伸膝分腳，腿直，腳面展平，腳高過腰；同時兩手臂向左、右分開，右手與右腳方向一致；左手落於體左側，腕略高於肩；眼看右手。（圖127）

【錯誤與糾正】

①**錯誤**：上肢動作與楊式（規定）動作混淆。**糾正**：右掌從左臂彎處穿出向右、向上、向前、向右畫一斜圓弧形，左掌在體前經右手臂下畫一小斜圓後附於右臂下。

②**錯誤**：上體左轉，弓步時，彎腰、縮脖、後腳跟抬。**糾正**：弓步時，重心繼續前移坐實左腿，右腳跟外展，兩腳尖向前平行，上體稍傾，提頂、豎項、沉胯。

③**錯誤**：分腳時兩掌從體前分開。**糾正**：兩掌從額前上方向左、右下方劈分開。

④**錯誤**：變左分腳時，重心過渡太快。**糾正**：右腳腳跟先落地後，逐漸弓腿。

（二十五）左分腳

左腿屈膝；同時右腿屈膝向右前方落步，腳跟著地，右手下落，手心向上置於腹前；左手屈肘收於左耳側，手心向下；接著，重心前移，右腳尖稍內扣落地踏實；同時右手回收；左手前伸，使兩手在腹前相合，左手在上，兩手手心斜相對；動作不停，重心繼續前移成右弓步；上體隨之左轉（胸向東北）；同時，左手經右向前、向左上方畫弧伸至左前方（東北），腕略高於肩，手心斜向前；右手隨左手動作方向畫一小弧後、屈肘回收附於左前臂下，手心向上；眼看左手。（圖128、129、130）

動作與（圖125）相同，唯左、右方向相反。（圖131）

動作與（圖126）相同，唯左、右方向相反。（圖132）

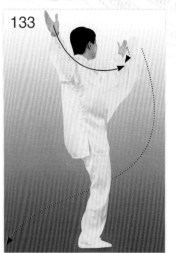

動作與（圖127）相同，唯左、右方向相反。（圖133）

（二十六）左右打虎

右腿屈膝下蹲；左腿屈膝向右後方落步；左手稍向右合；右手向左合至左肘關節內側；眼看左手。（圖134）

左腳跟落地踏實，重心移至左腿；右腿屈膝提起；同時兩手變掌，掌心向下降至腹前，眼看左手。（圖135）

右腳向右後方（西南）落步，重心後移；同時，身體右轉，右腿屈膝成右弓步；隨轉體兩手向下、向右分別捋至右膝兩側的前上方，手心向下，虎口相對；眼看左手。（圖136）

　　右腿伸膝，左腿屈膝提起，左膝外展，腳尖翹起向上；同時右手變拳屈肘架於額右上方，拳心向外，左手變拳屈肘置於右胸前，拳眼向上；眼看前方（胸向東南）。（圖137）

　　右腿屈膝；左腳向右後方（西北）落步；右拳變掌向下落於右前方，掌心向左，腕與肩同高；左拳變掌向前伸至右肘內側，掌心向右；眼看右手。（圖138）

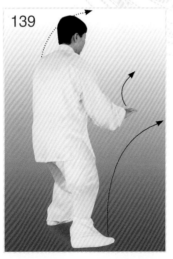

　　左腳跟落地踏實，左腿屈膝，重心慢慢後移；同時上體左轉成左弓步；隨轉體兩手向下、向左分別挒至左膝兩側前上方，手心向下，虎口相對。眼看右手。（圖139）

左腿伸膝，右腿屈膝提起，膝外展，腳尖翹起向上；同時左手變拳屈肘架於左額前上方，拳心向外，拳眼斜向下，右手變拳屈肘橫置於左胸前，拳眼向上；眼看前方（胸向東北）。（圖140）

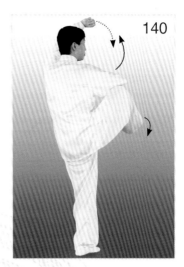

【錯誤與糾正】

①**錯誤：**撤步時，支撐腿下蹲不夠，兩臂僵直，上體前傾嚴重。**糾正：**支撐腿屈膝下蹲，兩臂鬆沉下按，上體微立身向斜後方撤步。

②**錯誤：**定勢時，上體晃動，腳尖不上翹，胸前手臂有棱有角。**糾正：**增加腿部力量，提起的腳，腳外側外旋、腳尖上翹，兩手臂成弧形。

（二十七）右蹬腳

兩拳變掌，左手向下，右手向上在胸前相合搭腕，右手在外，手心均向裏，右腳尖先向下鬆垂；眼看右前方。（圖141）

右腳尖勾起，右腿由屈到伸，以腳跟為力點，向右前方（東南）蹬出；腳高過膝；兩手隨蹬腿分別向上、向兩側伸臂分展，腕高於肩；眼看右手。（圖142）

【錯誤與糾正】

①錯誤：兩拳合於體前。糾正：兩拳變成兩掌合於體前。

②錯誤：腳尖勾起。糾正：右腳提膝，腳尖鬆垂。

（二十八）雙峰貫耳

右小腿屈膝回收，腳尖下垂；同時上體微右轉（胸向東）；隨轉體兩臂屈肘，兩手向內、向下合於體前（右膝兩側前上方），手心向上，兩手相距10公分；眼看兩手。（圖143）

左腿屈膝；右腳向前落步，腳跟著地；隨之兩手分別落於胯旁，手心均斜向上；眼看前方。（圖144）

右腳尖落地踏實，重心前移成右弓步；同時，兩手變拳分別由體側向前上方畫弧舉至體前，兩臂微屈，拳高與耳平齊，拳眼斜相對，拳面斜向上，兩拳相距約10公分；眼看兩拳之間。（圖145）

【錯誤與糾正】

①**錯誤**：兩手臂收於體前過快並且是直抽回來。**糾正**：收腿時，右肘鬆沉，左手找右手後，沉肘收手。

②**錯誤**：落腳時，重心一下壓至前腿，左腳不動。**糾正**：前腳腳跟先落地，後腳蹬地重心前移，外展左腳跟。

③**錯誤**：定勢時，與楊式雙峰摜耳相混。**糾正**：重心前移時，上體隨重心前移逐漸前傾，但不宜過傾，後腳與前腳前後相錯平行。

（二十九）斜飛勢

兩腿屈膝，重心下降，上體微右轉；右腳尖隨之向右碾轉；同時兩拳變掌，左手屈肘外旋，手心斜向上；右手外旋收落於腹前，手心向上；眼看左手。（圖146）

右腿屈膝獨立支撐；左腳在體後屈膝提起；同時左手向右下方畫弧置於右膝外側，手心向右；右手內旋，屈肘收至左肩前，手心向外；眼看左前下方。（圖147）

左腳向前落步，上體微右轉成弓步；同時，右手向下、左手向上，使兩手臂在胸前交錯；繼而左手屈肘向上舉至左肩前，手心斜向上；右手向下落至左前臂內側，手心斜向下，接著重心左移成左橫弓步；兩手臂分別向左上、右下分展，左手心向上；右手心向下；眼看右前方。（圖148、149）

149

【錯誤與糾正】

　　①**錯誤**：只動手，不動腰。掌的動作無意識，兩腳的動作交待不清楚。**糾正**：上體向右轉腰的同時，兩前臂外旋有內裹之意，右腳以前腳掌為軸碾轉，左腳的腳跟抬起。

　　②**錯誤**：提收左腳時，右胯凸出撅臀。**糾正**：提收時，右胯鬆沉，重心坐實至右腿，斂臀立身。

　　③**錯誤**：上步後，左臂只有靠勁沒有穿、挑之意。**糾正**：重心前移時，左臂要有向左靠，及穿、挑之意。

（三十）右迎面掌

150

　　上體左轉；左手內旋微屈肘下落；右手外旋收於右胯旁；接著，重心全部移至左腿；右腳屈膝提至左小腿內側，左手臂屈肘橫置於胸前，手心向下；右手屈肘收於右肋下，手心向上；眼看左手。（圖150、151）

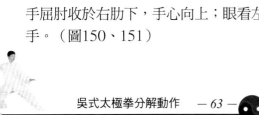

吳式太極拳分解動作吳式太極拳分解動作　　**－ 63 －**

　　右腳向前落步，重心慢慢前移成右弓步；同時右手經左手臂上、向前推出，手心向前，指尖向上，腕與肩同高；左手屈肘收至右肘下約距10公分，手心向上，指尖向右；眼看右手。（圖152）

【錯誤與糾正】

　　①**錯誤**：上右步時，易重心後移後，再上右步。**糾正**：上體立身，重心繼續移至左腿後，再上右步。

　　②**錯誤**：重心向右腿過渡時，重心起伏較大。**糾正**：鬆左胯、左膝、左踝關節，重心高度保持不變地將重心移至右腿。

　　③**錯誤**：定勢時凸臀，髖關節緊張僵挺，上體前傾嚴重並下頦前探，縮脖。**糾正**：髖關節放鬆沉胯，上體稍前傾，臀部內斂，提頂收下頦。

（三十一）十字拍腳

右腳以腳跟為軸腳尖內扣；左腳掌碾轉，腳跟內收，身體左後轉180°（胸向西）後成左虛步；隨轉體右手屈肘向左平擺至左肩前，手心向外；眼看前方。（圖153）

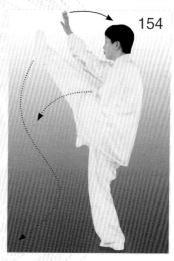

左腿屈膝提起後腳面展平，向前上方踢出；同時，右手拍擊左腳面；眼看拍腳方向。（圖154）

【錯誤與糾正】

錯誤：拍擊腳面時，聳肩翻肘拍擊，並且支撐腿的腳跟隨拍擊而提起。**糾正：**支撐腿微屈，拍擊時，左手臂向下鬆沉，右掌拍擊時沉肩墜肘。

（三十二）摟膝左栽捶

　　左腿屈膝回收後向前落步，腳跟著地；隨之左手向下、向左摟至左膝前上方，手心向下，右手外旋，屈肘扣腕收至右耳側，手心向裏，指尖向前；眼看左手。（圖155）

　　左腳尖落地踏實，重心前移成左弓步；同時右手向前推出，腕與肩平；左手摟至左膝外側上方，手心向下，指尖向前；眼看右手。（圖156）

　　重心移至左腿；右腿屈膝收提於左腿內側；同時，左手向前上方畫弧至體前；右手屈肘擺至左肩前，手心向左，指尖向上；眼看右手。（圖157）

右腳向前落地，腳跟著地；左手屈肘扣腕收至左耳側；右手向下、向前摟至右膝前上方；眼看右手。（圖158）

右腳尖落地踏實，重心前移成右弓步，同時，左手變拳向前下方打出，拳與腹同高，拳眼斜向上；右手附於左前臂內側；上體微前俯；眼看左拳。（圖159）

（三十三）左海底針

左腿屈膝，重心後移，右腿屈膝回收，腳跟提起成右虛步；同時，左拳變掌向前上方平舉；眼看左手。（圖160）

兩腿屈膝半蹲；隨之左臂下落，手指下插；右手向上收至左肩前，手心向左；眼看左手方向。（圖161）

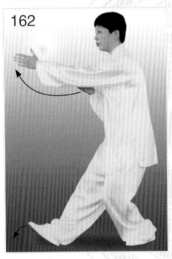

（三十四）右閃通背

兩腿伸膝，重心仍偏於左腿；右腳向前邁半步，腳跟著地；隨邁步左手臂上舉至與肩平，手心向右；繼而，右手外旋，手心向上沿左臂下前穿，當穿至左手下時，左手內旋，手心與右手心斜相對。眼看左手。（圖162、163）

右腳尖落地並內扣；左腳掌向外碾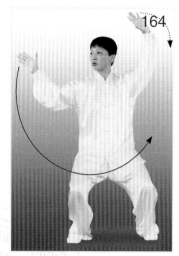
轉，兩膝微屈，身體左轉（胸向南）；
隨轉體右手立掌向右推按，腕與肩平；
左手屈肘回撤架於左肩前上方，手指略
高於頭，手心向外；眼看右手。
（圖164）

（三十五）雲手（向右）

動作及易犯錯誤與糾正與第（二十
二）式「雲手」相同，唯左右方向相
反。（圖165～172）

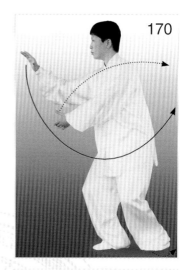

170

171

172

（三十六）左高探馬

　　動作及易犯錯誤與糾正與第（二十三）式「右高探馬」相同，唯左、右方向相反。（圖173～175）

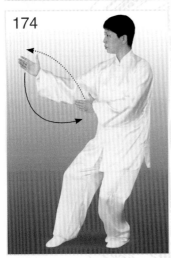

（三十七）回身指襠捶

右腳跟落地踏實，腳尖內扣，重心漸移至右腿；左腳尖外擺；身體隨之左後移（胸向東南），腳尖翹起；隨轉體左手向下、向左後方畫弧至左膝前上方；同時右手外旋屈肘上提至右耳側，手心向內；眼看左手。（圖176）

左腳尖落地踏實，重心前移成左弓步，同時右手慢慢握拳向前下打出，拳眼向上，臂微屈，拳與腹同高；左手經外向上收落於右前臂內側；眼看右拳前方。（圖177）

【錯誤與糾正】

錯誤：指襠捶與栽捶不分。糾正：指襠捶的右拳與腹同高。

（三十八）左下勢

右拳逐漸變掌，兩手臂前平舉，高、寬均與肩同；眼看兩手。（圖178）

右腿屈膝，腳尖外展，重心右移；上體右轉，隨轉體兩手均內旋，手心翻轉向外，向右畫弧平捋；眼看左手。（圖179）

右腿屈膝全蹲；左腿伸直平鋪地面成左仆步；同時上體微左轉；兩手向下經右膝向前穿壓至左腿內側，兩手拇指側向上，指尖向前，左手置於左腳面內側，右手落於左膝前；眼看左手。（圖180）

【錯誤與糾正】

錯誤：右拳變掌後，兩掌易一前一後。糾正：右拳變掌後，兩掌心相對後再內旋兩掌。

（三十九）上步七星

重心慢慢前移成弓步；上體微左轉（胸向東）；隨重心升起，左手向前上方舉起，臂微屈；右手附於左肘內側下方；眼看左手。（圖181）

右腳向前上步，腳跟著地；同時右手伸向左腕下，使兩手在胸前交叉搭腕，左手在裏，手心分別向外，手指斜向上，臂微屈；眼看兩手之間。（圖182）

【錯誤與糾正】

①錯誤：上右步時，易上體前傾起身凸臀後上右步。糾正：兩掌向前穿起時，立身斂臀，重心移至左腿後，再提收右腿上步。

②錯誤：定勢時，左胯向左凸出並凸臀，上體前傾右腿僵直。糾正：左胯內收，背向後倚靠，兩掌向前撐架，立身斂臀右腿膝關節微曲。

（四十）退步跨虎

　　左腿屈膝；右腳向後撤一大步，腳尖先著地，兩手分開向前微伸，手心向下；接著右腳掌向右碾轉，腳跟落地踏實，重心後移；身體右轉（胸偏向正南）；隨轉體右手向下、向右後方畫弧至右胯旁；左手向下、向右畫弧至腹前，兩手心均向下；眼看兩手。（圖183、184）

　　重心全部移至右腿；左腿屈膝收提至右腳前；同時右手屈肘提至右耳側，手心向裏；左手向左摟至左膝外側；接著右腿伸膝；左腿屈膝上提，膝高過腰，腳面展平，腳掌裏扣；同時上體微左轉（胸向東南）；隨之右手向前推出，腕與肩同高；左手變勾擺提至體左側，腕略高於肩；眼看左前方。（圖185、186）

186

【錯誤與糾正】

①**錯誤**：兩掌直接回抽轉體。**糾正**：兩掌分開向下微鬆按後再轉體。

②**錯誤**：上下肢動作與腰身配合不協調。**糾正**：上下肢的動作，隨腰的向右、向左轉動而進行變化。

③**錯誤**：定勢時右掌掌心向前。**糾正**：立掌小指一側向前。

（四十一）左迎面掌

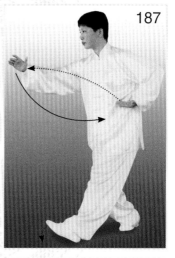
187

右腳掌向右碾轉，身體右轉（胸向西南）；隨之左腳向右前落步，腳跟著地；同時右手內旋，屈肘橫於胸前，手心向下；左勾手變掌屈肘收於左腰側，手心向上，指尖向前；眼看右掌。（圖187）

左腳尖落地踏實，左腿屈膝，重心前移，上體微右轉（胸向西）成左弓步；隨轉體左手經右手腕上向前推出（胸向西）；右手屈肘收至右腰前，手心向上；眼看左手。（圖188）

188

【錯誤與糾正】

錯誤：左腿直接落腳成弓步。**糾正**：右支撐腿先微屈，隨向右轉腰，左腳跟先落地後再重心前移。

（四十二）轉身擺蓮

　　左腿尖內扣；右腳掌外展，腳跟提起；身體右後轉（胸向東北）；隨轉體左手平著畫弧至右肩前，臂微屈，指尖向上，手心向外；眼看前方。（圖189）

　　上體向右擰轉（胸向東）；同時，右手經左前臂外側邊翻掌心向外，邊向前、向上、向右畫弧至右前方，腕與肩同高；左手收落於右肘內側，手心斜向下；眼看右手。（圖190）

　　右腿伸直向左、向上、向右畫弧擺起；當右腳擺至胸前時，左右手向左依次拍擊右腳面；眼看拍腳方向。（圖191）

【錯誤與糾正】

　　①錯誤：轉身重心起伏較大。**糾正**：重心在左腿上，直接立身轉體，鬆腰沉胯，重心高度保持不變。

　　②錯誤：擺腿擊響時，聳肩彎腰。**糾正**：沉髖擺右腿，上體向左轉腰，立身沉肩兩掌迎擊右腳面，依次擊響。

192

（四十三）彎弓射虎

　　左腿屈膝，右腿慢慢向右側落步，腳跟著地；同時，兩手向左伸舉；眼看左手。（圖192）

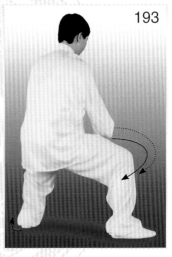
193

　　兩腿屈蹲成馬步，同時，兩手經體左側，手心向下落按於腹前；動作不停，重心右移，上體右轉，隨轉體兩手經體前向右畫弧至右膝側上方；眼看兩手。（圖193、194）

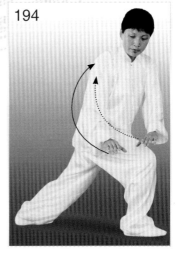
194

吳式太極拳分解動作

上體繼續向右擰轉；右臂屈肘，右手變拳提至右肩前，拳心向下；左臂屈肘，左手變拳提至右胸前，拳心斜向下；眼看右側。（圖195）

上體左轉（胸向東北）；隨轉體左拳以肘關節為軸，經上向前、向左畫一小弧後向前打出，拳與胸窩對齊；拳眼向上，拳面向前（東北）；右臂伸肘，將拳向左前方打出置於額右前方；拳眼向下；眼看左前方。（圖196）

【錯誤與糾正】

①**錯誤：**兩拳向左前擊出時，兩拳面的方向不一致。**糾正：**隨上體向左轉體的同時，兩拳面均向自身的左前方擊出。左臂的肘關節向右沉肘。

②**錯誤：**定勢時，右胯向右凸出過多。**糾正：**右胯內斂，鬆沉，重心坐實右腿。

（四十四）退步搬攔捶

重心移向左腿，上體微右轉；右拳外旋下落至與肩同高，拳心向上，左拳變掌於右前臂內側；接著，重心後移，右腳尖翹起；左手經右前臂上，先稍向右再向前畫弧抹至胸前；右拳收至左腕內側；眼看左手。（圖197、198）

右腳向後撤一步；重心後移，上體微左轉；隨之兩手向下、向左畫弧收至左胯前；眼看左手。（圖199）

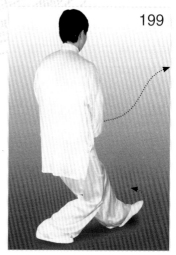

　　重心後移，左腳尖翹起，上體右轉；隨之左手向右、向體前推出，腕與肩同高，手心向右，指尖向上；右拳收至右腰側，拳心向裏；眼看左手。（圖200）

　　左腳尖落地踏實，重心前移成左弓步；同時，右拳向前打出，拳與胸同高，拳眼向上；左手附於右手前臂內側；手心斜向內；眼看右拳。（圖201）

【錯誤與糾正】

　　①**錯誤：**重心後移時，凸臀上體前傾重心後移。**糾正：**背向後倚靠，立身的同時重心後移。

　　②**錯誤：**左掌與右拳在運動過程中分家。**糾正：**左掌在畫弧的運動過程中，始終保持在右拳上。

（四十五）收　勢

　　以兩腳跟為軸，左、右腳分別內收、外擺，兩腿屈膝半蹲，身體右轉，隨轉體重心右移成弓步；右拳變掌內旋，平行向右分展，眼看右手。（圖202）

　　右腿屈膝；左腳收至右腳內側，與肩同寬；同時，兩手臂向前、向內畫弧平收置於體前，手心向下；兩肘下沉，稍向外展，兩手指微向內收；眼看前方。（圖203）

　　兩腿徐徐伸膝，兩手慢慢下落，自然垂於大腿兩側；接著，左腳提收向右腳併攏，身體直立；眼看前方。（圖204、205）。

205

【錯誤與糾正】

　　①**錯誤：**兩臂展開時，左肩易聳肩向前凸出緊張僵硬。**糾正：**兩肩鬆沉展開雙臂。

　　②**錯誤：**收勢時凸臀兩腳人字。**糾正：**上體中正安舒，提頂收下頦，兩腳尖向前站立。

(一)起　勢　　　　　　　　　　　　　　(二)右攬雀尾

(三)左單鞭

吳式太極拳分解動作　　－ 85 －

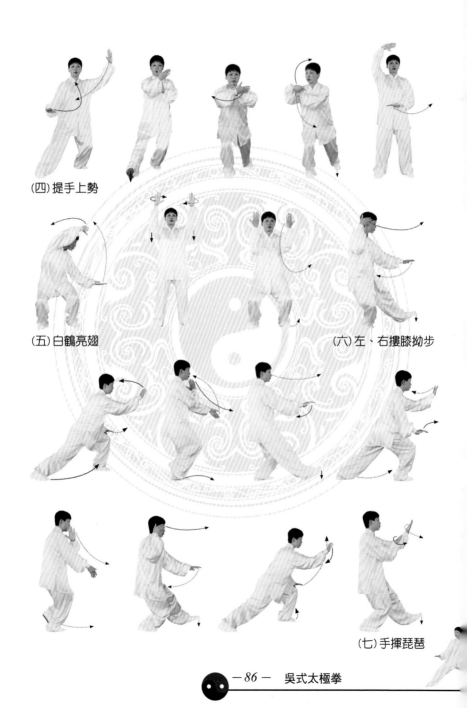

(四) 提手上勢

(五) 白鶴亮翅

(六) 左、右摟膝拗步

(七) 手揮琵琶

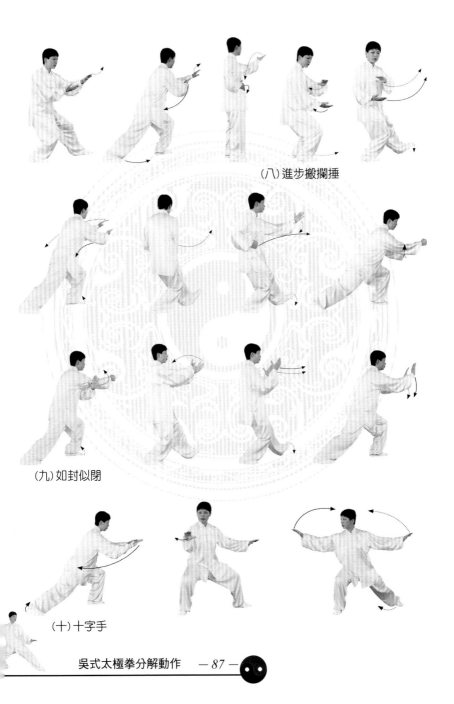

(八)進步搬攔捶

(九)如封似閉

(十)十字手

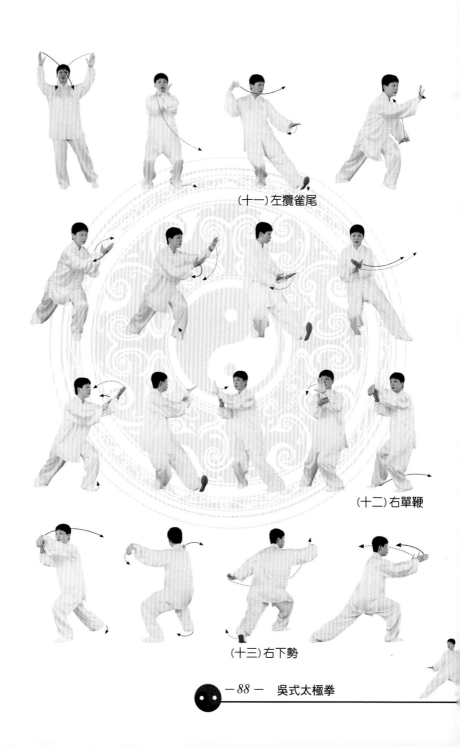

(十一)左攬雀尾

(十二)右單鞭

(十三)右下勢

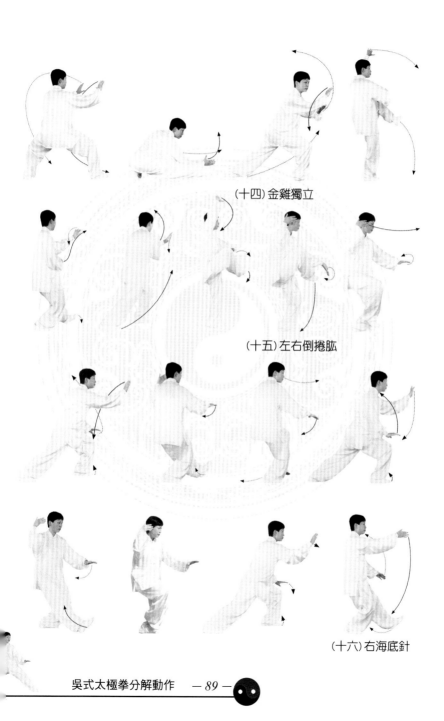

(十四)金雞獨立

(十五)左右倒捲肱

(十六)右海底針

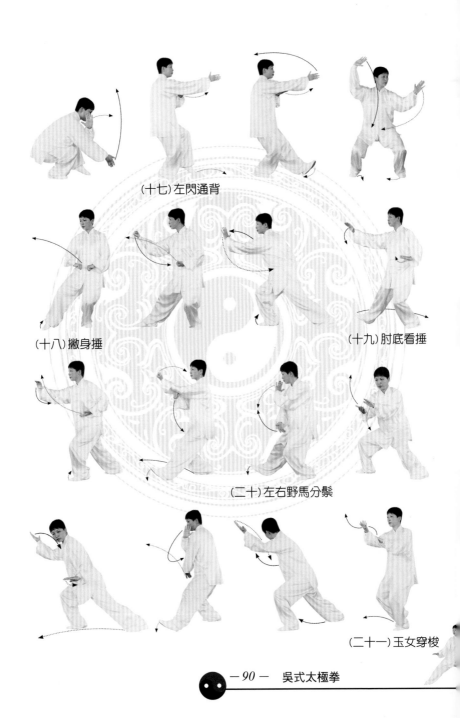

(十七)左閃通背

(十八)撇身捶

(十九)肘底看捶

(二十)左右野馬分鬃

(二十一)玉女穿梭

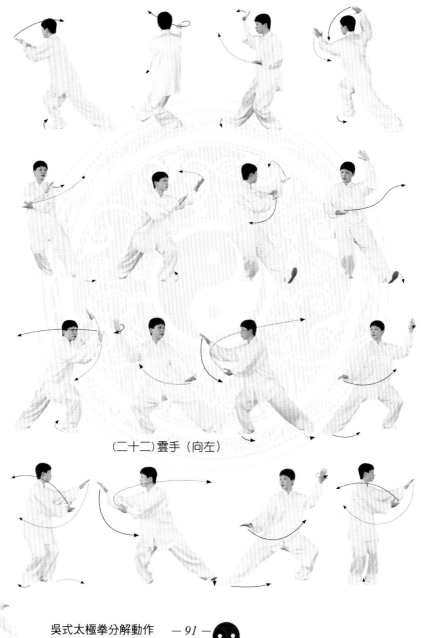

（二十二）雲手（向左）

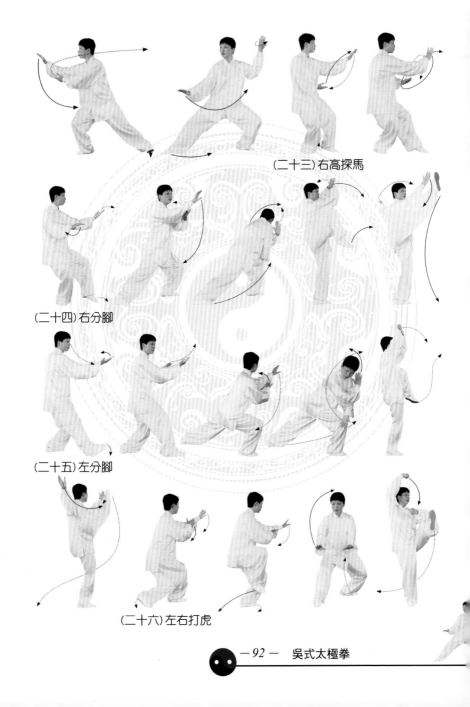

(二十三)右高探馬

(二十四)右分腳

(二十五)左分腳

(二十六)左右打虎

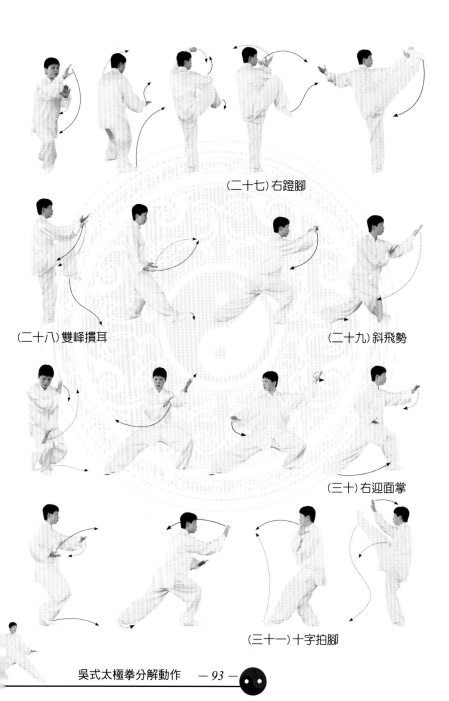

(二十七)右蹬腳

(二十八)雙峰貫耳

(二十九)斜飛勢

(三十)右迎面掌

(三十一)十字拍腳

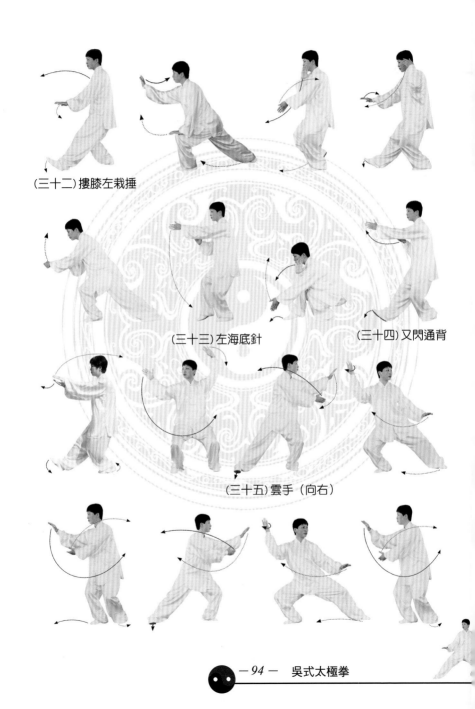

(三十二)摟膝左栽捶

(三十三)左海底針

(三十四)又閃通背

(三十五)雲手（向右）

(三十六) 左高探馬

(三十七) 回身指襠捶

(三十八) 左下勢

(三十九) 上步七星

(四十) 退步跨虎

(四十一) 左迎面掌

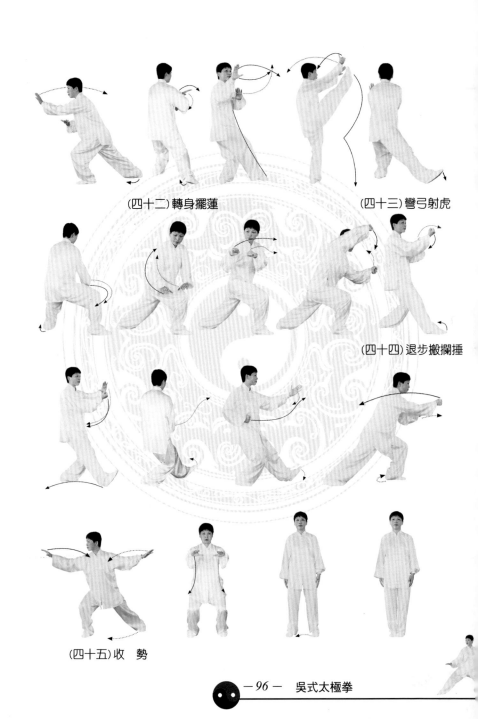

(四十二) 轉身擺蓮　　　　　　　　(四十三) 彎弓射虎

(四十四) 退步搬攔捶

(四十五) 收　勢

　吳式太極拳